AF450765

FORÊT

DE COMPIEGNE.

CARTE
TOPOGRAPHIQUE
DE LA FOREST DE
COMPIEGNE
et ses Environs
Echelle de 1000 Toises
N. Hattis del et Sculp. 1733.

Noms des Routtes
A R. de Therouüde Ecüle
B R. de Normandie
C R. de l'Echelle Ecüle
D R. du Maine
E R. des chambres du Thrier
X R. de Bery
EE R. de Bourgogne galle
F R. de petites Planchettes
G R. de Merieres
GG R. depetite Merieur
H R. de Bretagne
HH R. d'Ainne
M R. d'Provence
MM R. du Pelican
J R. d'Acentaine
L R. des Sües de Hautte
M R. de picardie
N R. de Reims
O R. de Villerscotterest
P Nouveauté de paris qui suys Roy
Q Nouveauté de foimonté
S jardin du Roy Cerd
T hermitage
U Caructon Roy
V Prolongation de la Mortille de l'Or
Y R. dur le Marchant mare
Z R. de Relarde

DESCRIPTION DE LA FORÊT DE COMPIEGNE,

Comme elle étoit en 1765;

AVEC

LE GUIDE DE LA FORÉT:

Par LOUIS-AUGUSTE, Dauphin.

A PARIS,

De l'Imprimerie de LOTTIN l'aîné,
Imprimeur de Mgr le DAUPHIN.

M. DCC. LXVI.

(8)

DESCRIPTION
DE LA FORÊT
DE COMPIEGNE,

Comme elle étoit en 1765;

A V E C

LE GUIDE DE LA FORÊT.

I.

DESCRIPTION
DE LA FORÊT.

Cette Forest a 32000 arpens dont 5000 de clairs. Elle contient des Avenues, grands Chemins, grandes Routes, Carrefours, Puits, Etoiles, Ponts,

Ronds, Gardes, Palis, Parquets, Montagnes, Etangs, Viviers, Foſſés & Bacs : elle eſt entourée de Villages & Hameaux.

1°. *Avenues qui ménent à la Forêt.*

Il y a ſept Avenues qui conduiſent à la Forêt.

L'Avenue Royale, l'Avenue du Moulin, qui n'eſt pas encore faite, l'Avenue de Marigny, l'Avenue Dauphine, l'Avenue de Paris, l'Avenue de Soiſſons ; il y a auſſi une Avenue le long du Bois vis-à-vis de Compiegne.

Les Avenues ont 3 lieues.

Noms des Avenues & leur longueur.

	lieues.	toiſes.
L'Avenue Royale.		940
L'Avenue du Moulin		1250
L'Avenue de Marigny		840

Suite des Avenues & leur longueur.

	lieues.	toises.
L'Avenue Dauphine		450
L'Avenue de Paris		1480
L'Avenue de Soiffons		830
L'Avenue le long du Bois		1690

2°. *Grands Chemins.*

Il y a neuf grands Chemins, dont deux nouveaux. Les grands Chemins forment enfemble 14 lieues 1000 toifes.

Longueur des Grands Chemins.

	lieues.	toises.
Ancien Chemin de Paris	2.	
Nouveau Chemin de Paris	2.	
Ancien Chemin de Soiffons . . .	1.	2000
Nouveau Chemin de Soiffons . . .	1.	2000
Chemin de Pierrefond	2.	1000
Chemin de Crépy	2.	
Chemin de Béthify		2000
Chemin de Saint-Sauveur		1000
Chemin de Saint-Corneille . . .		1500

3°. *Grandes Routes.*

IL y a huit grandes Routes qui répondent au Puits-du-Roi : la Route du Moulin, celle de Royal-Lieu, celle du Carnoy, celle du Pont-la-Reine, celle de Morienval, celle de Champ-Lieu, celle de la Mariolle & celle de Berne ; le grand Octogone qui tourne autour du Puits-du-Roi, la route de Bourbon & celle des Princesses.

La Forêt a 400 lieues de routes de 2500 toises, compris les grands chemins.

Noms des grandes Routes & leur longueur.	lieues.	toises.
Route du Moulin		1700
Route de Royal-Lieu		2200
Route du Carnoy		2400
Route du Pont-la-Reine.	1.	1400
Route de Morienval	1.	1500
Route de Champ-Lieu	1.	500
Route de la Mariolle	2.	500
Route de Berne	1.	2000

Longueur des huit Pans du grand Octogone.

	lieues.	toifes.
Grand Octogone avec les 8 Pans.	4.	2000
Pan de la Route du Moulin & de la Route de Royal-Lieu. .		1000
Pan entre la Route du Carnoy & celle de Royal-Lieu. . . .		1600
Pan entre la Route du Carnoy & celle du Pont-la-Reine. . .		1200
Pan entre la Route du Pont-la-Reine & celle de Champ-Lieu.		2200
Pan entre la Route de Champ-lieu & celle de Morienval. .		1500
Pan entre la Route de Morien-val & celle de la Mariolle. .		1700
Pan entre la Route de la Mariolle & celle de Berne. . . .		1800
Pan entre la Route de Berne & celle du Moulin.		1000
Route de Bourbon		1400
Route des Princeffes.		1400

Il y a 177 Routes nommées, & 86 Routes Cavalières, qui forment 261 routes tant nommées que Cavalières. Les Routes Cavalières forment enfemble 16 lieues.

Noms des Routes & leur longueur.

	lieues.	toises.
Route Royale.		100
Route Gabriel		300
Route Godot		600
Route Cavalière Royale.		600
Route de la Reine.		1500
Route Dauphin.		2400
Route de Bourgogne.		500
Route d'Anjou		200
Route du Maine		1000
Route d'Aquitaine		500
Route de Normandie.		1000
Route de Picardie		900
Route de Berry		500
Route de Provence.		400
Route d'Artois		700
Route de la Justice		700
Route du Marché-du-Puits . . .		1000
Route des Dames		1700
Petite Route de Royal-Lieu . .		1000
Route du Merle		500
Route des Lorrains		1600
Chemin du Vivier-Coras.	1.	
Route Font-Pernant.		500
Route des Chambres du Vivier.		1400

Suite des Routes & leur longueur.	lieues	toifes.
Route du Bout-de-Jeaux		1300
Route de la Gouvernante. . . .		2300
Route du Pélican.		400
Route de Julie		700
Route du Vivier-Coras		1400
Route des petites Planchettes. .		1500
Route des Languignons		2000
Route d'Hyppolite		5000
Route de l'Embraſſade.		500
Route de Béthiſy.	1.	
Route des Nœuds		500
Route des Bois de la Croix . .		900
Route de la Bouverie		1900
Route de la Malmaire.		1400
Route des Rennions.		1000
Route de la Baſſe-Queue		1300
Route d'Orbay		900
Route Royale.		1500
Route de la Haute-Queue. . . .		1100
Route du Soupiſſeau.		1100
Route de Saint-Sauveur.		1600
Route de Tillarue		1600
Route de la Vollière.	1.	1000
Route des Molineaux		1600
Route de la Santé-aux-Poireaux.		1000

Suite des Routes & leur longueur.	lieues.	toifes.
Route des Grueries.		2300
Route du Boqugras		2000
Route du Pré du Rofoir		1400
Route du Pont du Maupas . . .		2200
Route de la Hideufe.		1700
Route Parallele.		900
Route du Puits-Féron		1900
Route de la Michelette	1.	500
Route de la Forte-Huet.		1700
Route de Sainte-Périne		2000
Route du Pont-de-l'Auge. . . .		1000
Route du Grand-Marais		1500
Route des Grands-Monts	1.	1000
Route de l'Echelle.		700
Chauffée de Brunéhaut.	2.	
Chemin des Plaideurs	1.	2000
Route des Petits-Monts.		1600
Route du Palais-Dronet.		900
Route du Contrôleur ;		1200
Route de la Place-aux-Veaux. .		2100
Route du Long-Pont.		1900
Route du Marais-de-l'Echelle. .		1000
Route des Marais		1200
Route du Bois		600
Route du Bois-de-Recouvre. . .		1000

Suite des Routes & leur longueur.	lieues.	toises.
Route des Pères-de-la-Brevière. .		900
Route du Cheval - Noir.		1300
Route de Mal-affise		500
Route du Grand-Bail.		1000
Route de la Lande-du-Merlier. .		1000
Route des Marres-Saint-Louis .		1500
Route de Beauval.		1200
Route de la Grande - Bruyère. .		1000
Route des Etangs-de-Saint-Jean.		900
Route de Saint-Jean		1800
Route des Pères-de-Saint-Jean. .		1100
Route de Landeblin		800
Route du Marais.		500
Route Capitaine		1000
Route de Bois-Colin.		600
Route du Palais-la-Reine		900
Route des Sablons.		900
Route du Pont-de-Paleine. . . .		1200
Route de Saint - Jean.		600
Route de Villers-Cotterêt. . . .		500
Route de la Fortelle.		2000
Route de la Loge-Lambert. . . .		1600
Route de la Fontaine-aux-Porchers	1.	
Route du Bois-des-Moines. . . .		1600
Route des Moines		1600

Suite des Routes & leur longueur.	lieues.	toises.
Route des Brigands		2000
Route du Grand-Veneur.	1.	500
Route de la Héronnière.		1700
Route du Vivier-Payen		1000
Route du Bois-de-Damart. . . .		1500
Route des Pendans-Matthieu. .		1300
Route du Mont-Arcy.		1000
Route de la Bécafferie.		600
Route des Rouillie		700
Route des Etangs-de-Batigny. .		2000
Route de Marillac.		2400
Route Tournante fur le Mont-Saint-Marc.	1.	1300
Route Tournante fur le Mont-Saint-Marc		2000
Route Notre-Dame-Adam. . . .		1000
Route de Saint-Pierre		2400
Route de Saint-Pierre.		1000
Route du Mont-Collé.		900
Route de Rétonde.		400
Route fur le Mont-Saint-Marc.		600
Route Clinquet-de-Pierre		1000
Route des Etangs-Varins		1000
Route du Foffé-Coulant.		1200
Route de la Pommeraye.	1.	500

Suite des Routes & leur longueur.	lieues.	toises.
Route d'Epernon..........	1.	
Route du Grand-Volerbeau...		1300
Route du Franc-Poirier.....		400
Route du Sanglier........		1100
Route du Chasseur........		500
Route de la Valette.......		600
Route des Pères-du-Vieux-Moulin		600
Route du Jet-de-Pierre.....		2000
Route du Vivier-Frère-Robert..		1300
Route de la Croix des 7 Morts.		1200
Route des Laris-Matthieu....		1000
Route du Saut-du-Cerf.....		1900
Route de Saint-Corneille....		1000
Route du Pont-de-Berne.....		1900
Route de Morpigny.......		1600
Route de la Belle-Image.....		2000
Route de l'Hermitage......		700
Route de l'Epinette.......		400
Route des Quarante-Arpens...		300
Route du Parquet-du-Bois....		1000
Route d'Humières........	1.	1000
Route Rivier...........	1.	600
Route du Chevreuil.......		800
Route de la Muette.......		1200
Route du Blanc-Hureau.....		1100

Suite des Routes & leur longueur.	lieues.	toiſes.
Route du Dormoy		1100
Route de Vieux-Moulin	2.	
Route des Beaumonts	1.	1200
Route des Nymphes		1500
Route des Argilliers		700
Route des Amazones		1600
Route Clavier		700
Route des Taillis-de-Berne . . .		900
Route de la Motte-Blain		2000
Route de l'Ortille	1.	1500
Route des Roſſignols		1000
Route des Ventes-de-S.-Corneille	1.	200
Route du Carendeau	1.	200
Route Gobets		400
Route des Scéneaux		500
Route de la Forte-Haye	1.	600
Route de Choiſy	1.	
Route de la Marre-aux-Cannes .	1.	1000
Route des Vineux		2000
Route du Mail		1400
Route de la Croix-du-ſaint-Signe .		1200
Route du Putois		700
Route du Treau		1500
Route du Tremble		500
Route du Buiſſonet		1000

Suite des Routes & leur longueur.

	lieues.	toises.
Route de la Tilloy.		1900
Route d'Aumont		1500
Route de Villequier		600
Route de Grenville.		500
Route Prolongée		200
Petite Route de Choisy.		240
Route Bélicard		900

Il y a, outre ces Routes, le petit Octogone qui tourne autour du Puits-du-Roi. Les huit Pans ont une lieue 700 toises.

Longueur des huit Pans du petit Octogone.

	lieues.	toises.
Pan entre la Route de Royal-Lieu & celle du Moulin.		500
Pan entre la Route de Royal-Lieu & celle du Carnoy . . .		500
Pan entre la Route du Carnoy & celle du Pont-la-Reine. . .		600
Pan entre la Route du Pont-la-Reine & celle de Champ-Lieu.		400
Pan entre la Route de Champ-lieu & celle de Morienval. .		500

Suite des huit Pans du petit Octogone.	lieues.	toises.
Pan entre la Route de Morien-val & celle de la Mariolle. .		500
Pan entre la Route de la Ma-riolle & celle de Berne. . . .		600
Pan entre la Route de Berne & celle du Moulin.		500

4°. *Carrefours.*

IL y a 44 Carrefours.

Carrefour Royal.

Carrefour Gabriel.

Carrefour Godot.

Carrefour de la Forte-Haye.

Carrefour des Vineux.

Carrefour du Buiſſonet

Carrefour des Taillis de Berne.

Carrefour des Roſſignols.

Carrefour des Arſilliers.

Carrefour des Marres-de-Saint-Louis.

Carrefour de la Belle-Image.
Carrefour du Saut-du-Cerf.
Carrefour de la Muette.
Carrefour de la Croix des Sept-
     Morts.
Carrefour d'Antin.
Carrefour du Foſſé-Coulant.
Carrefour de la Pommeraye.
Carrefour d'Epernon.
Carrefour du Vivier-Payen.
Carrefour de Pré-la-Ville.
Carrefour de la Gorge-du-Han.
Carrefour de Marillac.
Carrefour du Grand-Veneur.
Carrefour du Grand-Maître.
Carrefour de Saint-Jean.
Carrefour d'Humières.
Carrefour de Bourbon.
Carrefour des Princeſſes.
Carrefour des Grueries.

Carrefour de Maupas.

Carrefour des Molineaux.

Carrefour d'Orbay.

Carrefour Solitaire.

Carrefour de la Forte-Huet.

Carrefour du Palis-Drouet.

Carrefour de la Malmaire.

Carrefour de la Grande-Patte-
      d'Oie.

Carrefour des Lorrains.

Carrefour de l'Embraſſade.

Carrefour des Chambres-du-
      Vivier.

Carrefour de Julie.

Carrefour de Font-Pernant.

Carrefour du Bray.

Carrefour de Bretagne.

5°. *Puits*.

IL y a 8 Puits.
Puits du Roi.
Puits Dauphin.
Puits de Royal-Lieu.
Puits de Berne.
Puits de la Petite-Patte-d'Oie.
Puits de la Maison-de-Bois.
Puits de la Michelette.
Puits de la Croix du S.-Signe.

6°. *Étoiles*.

IL y a 2 Étoiles.
Etoile de la Reine.
Etoile d'Aumont.

7°. *Ponts*.

IL y a 3 Ponts.
Pont-la-Reine.
Pont des Planchettes.
Pont de Berne.

8°. *Rond.*

ROND ROYAL hors de la Forêt.

9°. *Gardes.*

LA FOREST est divisée en douze Cardes qui font :

    Garde de Royal-Lieu.

    Garde du Carrefour des Routes.

    Garde de la Bouverie.

    Garde de la Vollière.

    Garde de Béthify.

    Garde des Grands-Monts.

    Garde de la Fortelle.

    Garde de Pierrefond.

    Garde de la Pommeraye.

    Garde du Mont-Saint-Marc.

    Garde des Marres-Saint-Louis.

    Garde de Berne.

10°. *Palis.*

IL y a dans la Forêt un endroit entourré de Palis, pour élever les Arbres, qui eſt entre le chemin de Pierrefond, la route des Nymphes, la route des Arſilliers, la route de Clavier, le chemin de Crépy, la route des Ventes de Saint-Corneille, le Grand-Octogone & la route du Caurendeau.

11°. *Parquets.*

IL y a, outre ces Palis, cinq Parquets où on éléve le Gibier.

Parquet de Clavier.
Parquet de la Forte-Haye.
Parquet de la Faiſanderie.
Parquet des Vineux.
Parquet de Landeblin.

12°. *Montagnes.*

LA FOREST eſt entourée
de Montagnes qui ſont :
Mont du Tremble.
Beaux-Monts.
Mont-Saint-Marc.
Mont-Collé.
Mont-Saint-Pierre.
Mont-Berny.
Mont-Arcy.
Petits-Monts.
Grands-Monts.

13°. *Etangs.*

IL y a 6 Etangs.
Etang-aux-Etaux.
Etangs de Saint-Pierre.
Etang de Neuilly.

Etang de Batigny.
Etangs de Pierrefond.
Etang de Saint-Jean.

14°. *Viviers.*

Il y a 2 Viviers.
Viviers-Coras.
Vivier-Frère-Robert.

15°. *Foſſés.*

Il y a dans la Forêt 95000
toiſes de foſſés pour la deſſécher,
qui ſe jettent, partie dans l'Aine,
partie dans l'Oiſe, ſur leſquels il
y a 95 Ponts de Pierre, 80 Caſ-
ſis & pluſieurs Paſſages Cavaliers.

16°. *Bacs.*

Il y a 8 Bacs, dont 5 fur l'Oyfe & 3 fur l'Aine.

Les Bacs fur l'Oyfe font, le premier vis-à-vis Clairoy; le deuxiéme eft à la jonction des deux Rivières; le troifiéme eft au bout de l'avenue de Royal-Lieu; le quatriéme eft au Port-de-Meux, & le cinquiéme eft à Herneufe.

Le premier Bac fur l'Aine eft à Choify; le deuxiéme eft à Franc-Port, & le troifiéme eft à Retonde.

17°. *Villages & Hameaux qui entourent la Forêt.*

LES VILLAGES & les Hameaux qui font autour de la Forêt, font : Royal-Lieu, Mercière, la Croix, le Port-de-Meux, Herneuſe, Soupiſſeau, le Marais, Saint-Sauveur, Béthiſy, le Haſoy, Saint-Lazare, Champ-Lieu, la Loge-Lambert, Morienval, Paleine, Tous-Vents, la Folie, Pierrefond, Saint-Etienne, Roylay, Génencourt, Cuiſe, Troly & la Motte-Blain.

18°. *Villages & Hameaux*
qui font dans la Forêt.

LES VILLAGES & les Ha-
meaux qui font dans la Forêt
font : Saint-Corneille, l'Ortillé,
Vieux-Moulin, Saint-Pierre, la
Muette, la Brévière, Sainte-Pé-
rine, Saint-Jean-aux-Bois, Saint-
Nicolas-de-Courfon, & le Four-
d'en-haut.

I I.

LE GUIDE

DE LA FORÉT

ET L'ELOIGNEMENT

DE CHAQUE ENDROIT,

à partir du Château.

Le Carrefour Royal est à 900 toises.

PRENDRE l'Avenue Royale jusqu'au Carrefour Royal.

Le Carrefour Godot est à 1400 toises.

PRENDRE l'Avenue Royale jusqu'au Carrefour Royal, à droite la Route Godot jusqu'au Carrefour Godot.

Le Carrefour Gabriel est à 1300 toises.

PRENDRE l'Avenue Royale jusqu'au Carrefour Royal, à gauche la Route Gabriel jusqu'au Carrefour Gabriel.

Le Carrefour de la Forte-Haye est à 1700 toises.

PRENDRE l'Avenue Royale jusqu'au Carrefour Royal, à droite la Route Godot, jusqu'à la Route d'Humières, jusqu'au Carrefour de la Forte-Haye.

Le Carrefour des Vineux est à 2000 toises.

PRENDRE l'Avenue Royale jusqu'au Rond Royal, à gauche l'Avenue Dauphine, le Chemin de Saint-Corneille, à gauche la Route du Tréau, à droite la Croix du Saint-Signe, qui conduit au Carrefour des Vineux.

Le Carrefour du Buiſſonet eſt à une lieue 200 toiſes.

PRENDRE l'Avenue Royale juſqu'au Rond-Royal, à gauche l'avenue Dauphine, le chemin de Saint-Corneille, la route du Carendeau, la route des Vineux qui conduit au Carrefour du Buiſſonet.

Le Carrefour des Taillis de Berne eſt à une lieue 500 toiſes.

PRENDRE ſous la Porte-Chapelle, l'avenue de Soiſſons, le nouveau Chemin de Soiſſons, à droite la route de la Motte-Blain, qui conduit au Carrefour des Taillis de Berne.

Le Carrefour des Rossignols est à 2400 toises.

PRENDRE l'Avenue Royale jus-qu'au Rond-Royal, à droite l'avenue de Marigny, la route du Moulin jusqu'à la Petite - Patte-d'Oie, à gauche la route des Ama-zones qui conduit au Carrefour des Rossignols.

Le Carrefour des Arsilliers est à 1 lieue.

PRENDRE l'Avenue Royale jus-qu'au Rond Royal, à droite l'A-venue de Marigny, la Route du Moulin jusqu'à la Petite-Patte-d'Oie, à gauche la Route des

Amazones, qui conduit au Carrefour des Arfiliers.

Le Carrefour des Marres de Saint-Louis eſt à 1 lieue 1000 toiſes.

PRENDRE l'Avenue Royale juſqu'au Carrefour Royal, à droite la Route Godot, à gauche la Route d'Humières, qui conduit au Carrefour des Marres-Saint-Louis.

Le Carrefour de la Belle-Image eſt à une lieue 800 toiſes.

PRENDRE l'Avenue Royale juſqu'au Carrefour Royal, à gauche la Route Gabriel, à droite la Route de la Marre-aux-Cannes juſqu'au Carrefour de la Belle-Image.

Le Carrefour du Saut-du-Cerf est à une lieue 500 toises.

PRENDRE l'Avenue Royale jusqu'au Rond Royal, à gauche l'Avenue Dauphine, le Chemin de Saint-Corneille vis-à-vis la Ferme, la Route de Saint-Pierre, qui conduit au Carrefour du Saut-du-Cerf.

Le Carrefour de la Muette, est à 1 lieue 1400 toises.

PRENDRE l'Avenue Royale jusqu'au Carrefour Royal, à droite la Route Godot, à gauche la Route Rivier, qui conduit au Carrefour de la Muette.

*Le Carrefour de la Croix des Sept-
Morts est à 1 lieue 1200 toises.*

PRENDRE l'Avenue Royale jusqu'au Rond Royal, à gauche l'A-
venue Dauphine, le Chemin de
Saint-Corneille, la Route de
Saint-Corneille, à droite la Route
d'Epernon, qui conduit au Carrefour de la Croix des Sept-Morts.

*Le Carrefour d'Antin
est à 1 lieue 1500 toises.*

PRENDRE l'Avenue Royale jusqu'au Rond Royal, à gauche l'A-
venue Dauphine, le Chemin de
Saint-Corneille, la Route de
Saint-Pierre, qui conduit au Carrefour d'Antin.

*Le Carrefour du Foſſé-Coulant
eſt à une lieue 2000 toiſes.*

PRENDRE l'Avenue Royale juſqu'au Rond Royal, à gauche l'A-
venue Dauphine, le Chemin de
Saint-Corneille, la Route de
Saint-Pierre, qui conduit au Carrefour du Foſſé-Coulant.

*Le Carrefour de la Pommeraye
eſt à une lieue 2000 toiſes.*

PRENDRE l'Avenue Royale juſqu'au Rond Royal, à gauche
l'Avenue Dauphine, le Chemin
de Saint-Corneille, la Route de
Saint-Pierre juſqu'au Carrefour
d'Antin, à droite la Route d'E-
pernon, qui conduit au Carrefour de la Pommeraye.

Le Carrefour d'Epernon
est à 2 lieues.

PRENDRE l'Avenue Royale jusqu'au Carrefour Royal, à gauche la Route Gabriel jusqu'au Carrefour Gabriel, à droite la Route de la Marre-aux-Cannes, qui conduit au Carrefour d'Epernon.

Le Carrefour du Vivier-Payen
est à 2 lieues 200 toises.

PRENDRE l'Avenue Royale jusqu'au Carrefour Royal, à gauche la Route Gabriel jusqu'au Carrefour Gabriel, à droite la Route de la Marre-aux-Cannes, à droite la Route d'Epernon, jusqu'au Carrefour du Vivier-Payen.

*Le Carrefour de Pré-la-Ville
est à 2 lieues 1000 toises.*

PRENDRE l'Avenue Royale jus-
qu'au Carrefour Royal, la Route
Gabriel jusqu'au Carrefour Ga-
briel, à droite la Route de la
Marre-aux-Cannes, à droite la
Route d'Epernon, à gauche la
Route de la Mariolle, qui con-
duit au Carrefour de Pré-la-Ville.

*Le Carrefour de la Gorge-du-Han
est à trois lieues.*

PRENDRE l'Avenue Royale jusqu'au Carrefour Royal, à gauche
la Route Gabriel jusqu'au Carrefour Gabriel, à droite la Route
de la Marre-aux-Cannes, à droite
la Route d'Epernon, à gauche la

Route de la Mariolle, à gauche la Route Tournante fur le Mont-Saint-Marc, qui conduit au Carrefour de la Gorge-du-Han.

Le Carrefour de Marillac est à 3 lieues 500 toifes.

PRENDRE l'Avenue Royale juf qu'au Carrefour Royal, à gauche la Route Gabriel jufqu'au Carrefour Gabriel, à droite la Route de la Marre-aux-Cannes, à droite la Route d'Epernon, à gauche la Route de la Mariolle, à gauche la Route Tournante fur le Mont-Saint-Marc, à gauche la Route de Marillac, qui conduit au Carrefour de Ma-rillac.

*Le Carrefour du Grand - Veneur
est à 2 lieues 1100 toises.*

PRENDRE l'Avenue Royale jusqu'au Carrefour Royal, à gauche la Route Gabriel jusqu'au Carrefour Gabriel, à droite la Route de la Marre-aux-Cannes, à droite la Route d'Epernon, à gauche la Route de la Mariolle, à droite la Route du Bois-de-Damart, qui conduit au Carrefour du Grand-Veneur.

*Le Carrefour du Grand-Maître
est à 2 lieues 800 toises.*

PRENDRE l'Avenue Royale jusqu'au Carrefour Royal, à droite la Route Godot, à gauche la

Route d'Humières, à droite la
Route du Fort-Poirier, à droite
la Route du Bois-des-Moines,
qui conduit au Carrefour du
Grand-Maître.

Le Carrefour de Saint-Jean
est à 2 lieues 400 toises.

PRENDRE l'Avenue Royale jusqu'au Carrefour Royal, à droite
la Route Godot, à gauche la
Route Rivier jusqu'à la Route
de la Muette, à droite la Route
de la Muette vis-à-vis la Muette,
la Route-Capitaine, qui conduit
au Carrefour de Saint-Jean.

*Le Carrefour d'Humières est à
une lieue 500 toises.*

PRENDRE l'Avenue Royale jusqu'au Carrefour Royal, à droite
la Route Godot, à gauche la
Route d'Humières, qui conduit au
Carrefour d'Humières.

*Le Carrefour de Bourbon
est à 1 lieue 300 toises.*

PRENDRE l'Avenue Royale jusqu'au Rond Royal, à gauche
l'Avenue de Marigny, la Route
du Moulin, à gauche la Route
de Morienval, qui conduit au
Carrefour de Bourbon.

*Le Carrefour des Princesses
est à 2 lieues 200 toises.*

PRENDRE l'Avenue Royale jusqu'au Rond Royal, à droite l'Avenue de Marigny, la Route du Moulin, la Route de Champ-Lieu, qui conduit au Carrefour des Princesses.

*Le Carrefour des Grueries
est à 2 lieues 900 toises.*

PRENDRE l'Avenue Royale jusqu'au Rond Royal, à droite l'Avenue de Marigny, la Route du Moulin au Puits-du-Roi, à droite la Route du Boqugras, à droite la Route des Grueries, qui conduit au Carrefour des Grueries.

Le Carrefour de Maupas
est à deux lieues.

PRENDRE l'Avenue Royale jusqu'au Rond Royal, à droite l'Avenue de Marigny, la Route du Moulin & la Route de Champ-Lieu, qui conduit au Carrefour de Maupas.

Le Carrefour des Molineaux
est à deux lieues.

PRENDRE l'Avenue Royale jusqu'au Rond Royal, à droite l'Avenue de Marigny, la Route du Moulin, à droite le grand Octogone, à gauche la Route du Marché du Puits, à droite le petit Octogone, à droite la Route de Béthisy, qui conduit au Carrefour des Molineaux.

Le Carrefour d'Orbay
eſt à deux lieues.

PRENDRE le Chemin de Paris juſques vis-à-vis la Croix, à gauche le grand Octogone, qui conduit au Carrefour d'Orbay.

Le Carrefour Solitaire eſt
à 1 lieue 1900 toiſes.

PRENDRE l'Avenue Royale juſqu'au Rond Royal, à droite l'Avenue de Marigny, la Route du Moulin, la Route du Pont-la-Reine, à gauche la Route du Haſoy, qui conduit au Carrefour Solitaire.

Le Carrefour de la Forte-Huet eſt à 1 *lieue* 1900 *toiſes.*

PRENDRE l'Avenue Royale juſ-qu'au Rond Royal, à droite l'A-venue de Marigny, la Route du Moulin, à gauche la Route de Morienval, à droite la Route du Palis-Drouet, la Route des Eluas, à droite la Route de la Place-aux-Veaux, qui conduit au Car-refour de la Forte-Huet.

Le Carrefour du Palis-Drouet eſt à 1 *lieue* 1300 *toiſes.*

PRENDRE l'Avenue Royale juſ-qu'au Rond Royal, à droite l'A-venue de Marigny, la Route du Moulin, à gauche la Route de Morienval, à droite la Route du

Palis-Drouet, la Route des Eluas,
qui conduit au Carrefour du Palis-Drouet.

Le Carrefour de la Malmaire
est à deux lieues.

PRENDRE le Chemin de Paris,
à gauche le Chemin du Vivier-
Coras, à droite la Route des Lan-
guignons, à droite la Route de la
Malmaire, qui conduit au Carrefour de la Malmaire.

Le Carrefour de la grande Patte-
d'Oie est à 1 lieue 1500 toises.

PRENDRE l'Avenue Royale jufqu'au Rond Royal, à droite l'A-
venue de Marigny, la Route du
Moulin, à droite le grand Octo-

gone, à gauche la Route du Marché-du-Puits, à droite le petit Octogone, à droite la Route de Bé-
thify, qui conduit au Carrefour
de la grande Patte-d'Oie.

Le Carrefour des Lorrains
eſt à 1 lieue 600 toiſes.

PRENDRE le chemin de Paris,
à gauche la Route du Bout-de-
Jeaux, qui conduit au Carrefour
des Lorrains.

Le Carrefour de l'Embraſſade
eſt à 1 lieue 1300 toiſes.

PRENDRE l'Avenue Royale juſqu'au Rond Royal, à droite l'A-
venue de Marigny, la Route du
Moulin, à droite le grand Octo-

gone, à gauche la Route du Marché-du-Puits, à droite le petit
Octogone qui conduit au Carrefour de l'Embraſſade dans la
Route du Carnoy.

Le Carrefour des Chambres - du-
Vivier eſt à 1 lieue 600 toiſes.

PRENDRE l'Avenue Royale juſqu'au Rond Royal, à droite l'A-
venue de Marigny, la Route du
Moulin, à droite le grand Octogone, à droite la Route du Marché-du-Puits, à gauche la Route
de Royal-Lieu, à droite la Route
de Julie, qui conduit au Carrefour des Chambres-du-Vivier.

Le Carrefour de Julie est à 1 lieue 1200 toises.

PRENDRE l'Avenue Royale jusqu'au Rond Royal, à droite l'Avenue de Marigny, la Route du Moulin, à droite le grand Octogone, à gauche la Route du Marché-du-Puits, à droite le petit Octogone, qui conduit au Carrefour de Julie.

Le Carrefour de Font-Pernant est à 1 lieue.

PRENDRE le Chemin de Paris, à gauche le Chemin du Vivier-Coras, qui conduit au Carrefour de Font-Pernant.

*Le Carrefour du Bray est
à 1 lieue 400 toises.*

PRENDRE l'Avenue Royale jusqu'au Rond Royal, à droite l'Avenue de Marigny, la Route du Moulin, à droite le grand Octogone, à gauche la Route du Marché-du-Puits, à gauche la Route de Royal-Lieu, qui conduit au Carrefour du Bray.

*Le Carrefour de Bretagne est
à 1 lieue 100 toises.*

PRENDRE l'Avenue Royale jusqu'au Rond Royal, à droite l'Avenue de Marigny, la Route du Moulin, à droite le grand Octogone, à gauche la Route du Marché-du-Puits, qui conduit au Carrefour de Bretagne.

Le Puits du Roi est
à 1 lieue 500 toises.

PRENDRE l'Avenue Royale jusqu'au Rond Royal, à droite l'Avenue de Marigny, la Route du Moulin, qui conduit au Puits du Roi.

Le Puits-Dauphin est
à 1 lieue 600 toises.

PRENDRE l'Avenue Royale jusqu'au Carrefour Royal, à droite la Route Godot, à gauche la Route d'Humières jusqu'au Carrefour de la Forte-Haye, à droite la Route Dauphine, qui conduit au Puits-Dauphin.

Le Puits de Royal-Lieu
est à 1 lieue.

PRENDRE le Chemin de Paris, à gauche la Route de Royal-Lieu, qui conduit au Puits de Royal-Lieu.

Le Puits de Berne
est à 2100 toises.

PRENDRE l'Avenue Royale jusqu'au Carrefour Royal, à droite la Route Godot, à gauche la Route d'Humières, à droite la Route Dauphine, qui conduit au Puits de Berne.

*Le Puits de la petite Patte d'Oie
est à 1800 toises.*

PRENDRE l'Avenue Royale jusqu'au Rond Royal, à droite l'Avenue de Marigny, la Route du Moulin, qui conduit au Puits de la petite Patte d'Oie.

*Le Puits de la Maison de Bois
est à une lieue 100 toises.*

PRENDRE l'Avenue Royale jusqu'au Carrefour Royal, à droite la Route Godot, à gauche la Route de la Forte-Haye, qui conduit au Puits de la Maison de Bois.

Le Puits de la Michelette
est à 2 lieues.

PRENDRE l'Avenue Royale jusqu'au Rond Royal, à droite l'Avenue de Marigny, la Route du Moulin, la Route de Morienval, à droite la Route du Palis-Drouet, la Route des Eluas, qui conduit au Puits de la Michelette.

Le Puits de la Croix du S.-Signe
est à 1500 toises.

PRENDRE l'Avenue Royale jusqu'au Rond Royal, à gauche l'Avenue Dauphine, à gauche l'Avenue le long du Bois, qui conduit au Puits de la Croix du Saint-Signe.

L'Etoile de la Reine eſt
à 2 lieues 1100 toiſes.

PRENDRE l'Avenue Royale juſqu'au Rond Royal, à droite l'A-
venue de Marigny, la Route du
Moulin, la Route de Morienval,
la Route du Palis-Drouet, la
Route des Eluas, qui conduit à
l'Etoile de la Reine.

L'Etoile d'Aumont eſt
à 1900 toiſes.

PRENDRE l'Avenue de Soiſſons,
le nouveau Chemin de Soiſſons,
qui conduit à l'Etoile d'Aumont.

*Le Pont - la - Reine est
à 1 lieue 2000 toises.*

SUIVRE le Chemin de Paris,
jusqu'au Pont-la-Reine.

*Le Pont des Planchettes est
à 1 lieue 600 toises.*

SUIVRE le Chemin de Paris,
jusqu'au Pont des Planchettes.

*Le Pont de Berne est
à 1 lieue 900 toises.*

SUIVRE le Chemin de Soiffons,
jusqu'au Pont de Berne.

*Le Rond Royal eſt
à 450 toiſes.*

SUIVRE l'Avenue Royale, juſqu'au Rond Royal.

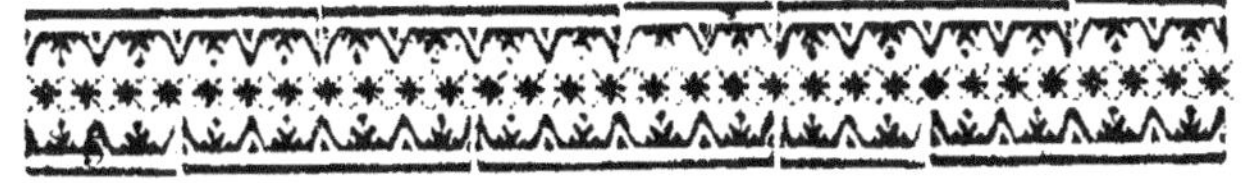

TABLE.

DESCRIPTION de la Forêt.

GUIDE de la Forêt.

Fin de la Table.